BEI GRIN MACHT SICH IH
WISSEN BEZAHLT

- Wir veröffentlichen Ihre Hausarbeit,
  Bachelor- und Masterarbeit

- Ihr eigenes eBook und Buch -
  weltweit in allen wichtigen Shops

- Verdienen Sie an jedem Verkauf

Jetzt bei www.GRIN.com hochladen
und kostenlos publizieren

Bibliografische Information der Deutschen Nationalbibliothek:

Die Deutsche Bibliothek verzeichnet diese Publikation in der Deutschen National-bibliografie; detaillierte bibliografische Daten sind im Internet über http://dnb.d-nb.de/ abrufbar.

Impressum:

Copyright © 2016 GRIN Verlag
Druck und Bindung: Books on Demand GmbH, Norderstedt Germany
ISBN: 9783668629950

Dieses Buch bei GRIN:

https://www.grin.com/document/385933

Luisa Prawirakoesoemah

Wir testen Apps. Dokumentationsprüfung im Fach Informatik

GRIN Verlag

DOKUMENTATION

Zweite Staatsprüfung für das Lehramt an Grund-, Haupt- und Werkrealschulen, gemäß GHPO II vom 9. März 2007, in der derzeit gültigen Fassung

Staatliches Seminar für Didaktik und Lehrerbildung (GWHS) Nürtingen

Vorgelegt von
Luisa Prawirakoesoemah

Fach: Informatik/ ITG

Thema: Wir testen Apps - Die Schülerinnen und Schüler einer siebten Klasse erweitern ihre Medienkompetenz durch das kriteriengeleitete Erproben und Bewerten von Apps und ihre personalen Kompetenzen durch selbstständiges Anwenden, Reflektieren und Präsentieren.

Schule:
Datum: 07.01.2015

Inhaltsverzeichnis

1. EINLEITUNG

„Erzähle mir und ich vergesse.

Zeige mir und ich erinnere mich.

Lass es mich tun und ich verstehe. "[1]

(Konfuzius 553-473 v. Chr.)

Dieses Zitat verdeutlicht, dass nachhaltiges Lernen am effektivsten stattfinden kann, wenn der Anteil der Selbsttätigkeit und Selbstständigkeit möglichst hoch ist. Selbsttätiges Lernen lässt sich unter anderem durch projektorientierte Unterrichtsvorhaben realisieren. In der vorliegenden Arbeit wird eine projektartige Unterrichtseinheit vorgestellt und dokumentiert, in welcher die Lernenden unter der Thematik "Wir testen Apps" vorwiegend in Einzel- und Gruppenarbeiten tätig wurden. Die Einheit wurde von Ende Oktober bis Mitte Dezember 2015 durchgeführt und erstreckte sich über neun Unterrichtsstunden.

In der heutigen Zeit spielen Medien im Leben der Jugendlichen eine zunehmend große Rolle. Betrachtet man beispielsweise die JIM-Studie, die die Mediennutzung von Jugendlichen untersucht, ist deutlich erkennbar, dass beinahe jeder von ihnen mit einem Handy/Smartphone ausgestattet ist.[2] "Die heute zwölf bis 19 Jährigen sind bereits mit einem enorm breiten Medienrepertoire aufgewachsen und kennen kein Leben ohne Internet oder Handys."[3] Sie wachsen als so genannte „digital natives" auf.[4] Bezüglich der Nutzung sowie der Häufigkeit der Nutzung von verschiedenen Medien steht das Handy/Smartphone unangefochten auf Platz 1.[5] Da sich also die meisten der Lernenden sehr gerne mit ihren Smartphones und deren vielfältigen Funktionen beschäftigen, lag der Gedanke nah, dieses Medium auch in den Schulalltag und besonders in den ITG-Unterricht einzubeziehen. "Ohne die Vermittlung durch Medien ist ein Leben in der Wissensgesellschaft kaum noch vorstellbar."[6] Leider wird dennoch der Einsatz von Medien in den Schulen (zu) oft vernachlässigt, obwohl gerade hier die Möglichkeiten diesbezüglich nahezu unbegrenzt sind. Aus diesem Grund bemühe ich mich selbst, digitale Medien so oft es geht in den Unterricht einzubringen. "Schüler sind zwar

---

[1] http://www.lernen-foerdern-ev.de/kinderland/standorte/greven-wilhelm-busch-strasse/fotogalerien/20112012/erzaehle-mir-und-ich-vergesse-zeige-mir-und-ich-erinnere-mich-lass-es-mich-tun-und-ich-verstehe-konfuzius-553-473-v-chr.html (Stand: 22.12.2015, 09.34 Uhr)
[2] Vgl. Medienpädagogischer Forschungsverbund Südwest: JIM-Studie 2015. Jugend, Information, (Multi)Media, S. 8
[3] Ebd., S. 11
[4] Vgl. Schepers, P.; Wetekam, B. (2012): Handbuch Medienkunde - Konzeption und praktische Umsetzung schulischer Medienbildung. Westermann, S. 11
[5] Vgl. Medienpädagogischer Forschungsverbund Südwest: JIM-Studie 2015. Jugend, Information, (Multi)Media, S. 11ff
[6] Vgl. Moser, H. (2010): Medienkompetenz für den Unterricht. Carl Link, S. 8

1

sehr kompetent im Umgang mit Medien als Unterhaltungsmedien. Wo es aber um Wissenserwerb und Informationskompetenz geht, fehlen oft effiziente Nutzungsstrategien und ein kritisches Bewusstsein zur Bewertung und Einordnung medial generierter Informationen."[7] Ein für die Medienbildung durchaus förderlicher Aspekt ist, dass Medien "ein Feld [sind], in dem sich Jugendliche mit Spaß und Genuss bewegen. Diese positive Grundstimmung kann die Motivation für schulisches Lernen fördern."[8]

Letztere wurde auch für die Planung der vorliegenden projektartigen Unterrichtseinheit genutzt. Die Lernenden beschäftigen sich täglich mit einer großen Vielfalt von Apps, was es naheliegend machte, sich auch einmal mit Apps, die für den Schulalltag nutzbar sind, zu beschäftigen. So ist ein starker Lebensweltbezug gewährleistet und es besteht die Möglichkeit, das Bekannte mit neuen Inhalten und Vorgehensweisen zu verknüpfen. Die Lernenden sollen zudem ein Feingespür dafür bekommen, nach welchen Kriterien man eine Anwendung (App) als brauchbar oder unbrauchbar einstufen kann. Es ist wichtig, dass die Jugendlichen sich selbst eine Meinung bilden und diese dann auch kundtun können. "Begründen und Bewerten setzen Fachkompetenz voraus und fördern die Kommunikations- und Argumentationsfähigkeit der Schülerinnen und Schüler sowie den reflektierten Einsatz von Informatiksystemen."[9] Diese Aspekte sollen den "Grundstein" für das vorliegende projektorientierte Unterrichtsvorhaben legen. Bei diesem wurden zu Beginn einige wichtige Grundlagen geschaffen, bevor es um das selbstständige Finden von Testkriterien und den damit verbundenen Testvorgang ging. Zum Abschluss der Einheit fand eine Schulausstellung statt, in der die getesteten Apps vorgestellt wurden.

2. THEORETISCHE GRUNDLAGEN

2.1 Medienkompetenz

"Medienkompetenz meint grundlegend nichts anderes als die Fähigkeit, in die Welt aktiv aneignender Weise auch alle Arten von Medien für das Kommunikations- und Handlungsrepertoire von Menschen einzusetzen."
(Professor Dr. Dieter Baacke)[10]

---

[7] Moser, H. (2010): Medienkompetenz für den Unterricht. Carl Link, S. 8
[8] Ebd.
[9] Gesellschaft für Informatik (GI) e.V. (2008): Grundsätze und Standards für die Informatik in der Schule - Bildungsstandards Informatik für die Sekundarstufe I. S, 48
[10] https://www.medienkompetenzportal-nrw.de/grundlagen/begriffsbestimmung.html (Stand: 22.12.15, 09.36 Uhr)

2

"Seit in den 1970er Jahren der Begriff der Medienkompetenz vor allem durch den Erziehungswissenschaftler Dieter Baacke geprägt wurde, hat es verschiedene Versuche gegeben, ihn einzukreisen und schlüssig zu definieren."[11] Laut Baacke unterscheidet man zwischen den Dimensionen **Medienkritik** (das eigene Wissen auf sein Handeln "beziehen und anwenden" können[12]), **Medienkunde** (das reine Wissen über Medien und Mediensysteme der heutigen Zeit[13]), **Mediennutzung** (Rezeptionskompetenz und die Fähigkeit selbst interaktiv zu handeln[14]) und **Mediengestaltung** (Weiterentwicklung, Veränderung und Ästhetik).[15] Er "entwickelte Medienkompetenz aus dem Konzept der Kommunikativen Kompetenz von Habermas heraus; hierunter ist 'die umfassende Fähigkeit des Menschen zu verstehen, sich zu verständigen, mittels des Austausches von Symbolen sprachlicher und nicht-sprachlicher Art'"[16]. Kommunikation ist hierbei als Mittel zur Gestaltung und Veränderung des Miteinanders zu verstehen.

Es ist anzumerken, dass der Begriff Medienkompetenz heute in diversen Zusammenhängen sowie "unterschiedlichen, teilweise sich widersprechenden Bedeutungsabstufungen verwendet wird"[17]. Es kommt vor, dass der Ausdruck sich auf die neuen Medien bezieht. An anderen Stellen geht es um ethisch verantwortungsvolles Handeln, oder wiederum konträr um das Beherrschen von bestimmen technischen Vorgängen.[18]

2.2 Personale Kompetenzen

"Personale Kompetenz (...) bezeichnet die Bereitschaft und Befähigung, als individuelle Persönlichkeit die Entwicklungschancen, Anforderungen und Einschränkungen in Familie, Beruf und öffentlichem Leben zu klären, zu durchdenken und zu beurteilen, eigene Begabungen zu entfalten sowie Lebenspläne zu fassen und fortzuentwickeln."[19] Zur personalen Kompetenz gehören unter anderem Merkmale wie Selbstständigkeit, Selbstvertrauen, Zuverlässigkeit, Verantwortungs- und Pflichtbewusstsein und

---

[11] Schepers, P.; Wetekam, B. (2012): Handbuch Medienkunde - Konzeption und praktische Umsetzung schulischer Medienbildung. Westermann, S. 8
[12] Vgl. http://www.dieterbaackepreis.de/index.php?id=67 (Stand: 22.12.2015, 09.15 Uhr)
[13] Vgl. ebd.
[14] Vgl. ebd.
[15] Vgl. http://dieterbaackepreis.de/index.php?id=67 (Stand: 22.12.2015, 09.15 Uhr)
[16] Schiefner-Rohs, M. (2013): Medienpädagogik - Strömungen, Forschungsfragen und Aufgaben. L3T, S. 5
[17] Schepers, P.; Wetekam, B. (2012): Handbuch Medienkunde - Konzeption und praktische Umsetzung schulischer Medienbildung. Westermann, S. 8
[18] Vgl. ebd.
[19] http://lehrerfortbildung-bw.de/bs/bsueb/if/paedagogische_diagnose/07_if_sek2_kompetenzen/ (Stand: 22.12.2015, 09.30 Uhr)

3

Kritikfähigkeit.[20] Auch im Bildungsplan wird die Wichtigkeit des Erreichens personaler Kompetenzen eingebracht. Sie kommen in vielfältigen Fachbereichen zum Tragen.[21] Im Rahmen von Gruppenarbeiten kann es beispielsweise von besonderer Wichtigkeit sein, die eigene Meinung zu äußern, aber auch die Meinungen anderer anzuhören und zu berücksichtigen.[22] Während der vorliegenden Unterrichtseinheit wurden folgende personale Kompetenzen besonders gefördert: Eigenverantwortung, Entscheidungsfähigkeit, Fähigkeit zur Selbstreflexion, Lernbereitschaft und zielorientiertes Handeln.[23] Diese sind besonders für ein effektives selbstständiges Arbeiten -wie im Rahmen eines projektartigen Unterrichtsvorhabens- von Bedeutung.

3. SACHANALYSE

Um sich mit dem komplexen Thema dieser Arbeit auseinandersetzen zu können, bedarf es zunächst der Definition und Einordnung grundlegender Begriffe.

"Der Begriff App stammt ursprünglich aus dem englischen Sprachraum und leitet sich von dem Wort 'Application' ab, was übersetzt 'Anwendung' bedeutet. In der englischen Sprache steht die Abkürzung 'App' für 'Application Software' und beschreibt hier alle Art von Anwendungssoftware."[24] Im deutschen Sprachgebrauch bezieht sich der Ausdruck App jedoch hauptsächlich auf Anwendungen für mobile Endgeräte. Seinen Ursprung findet die 'App' im sogenannten App Store der Firma Apple. Hier sind verschiedene Anwendungen zu finden, die man sich, teilweise auch gratis, herunterladen kann. So hat jedes Betriebssystem seinen eigenen App-Fundus.[25]

"Zu den beliebtesten Anwendungen auf Smartphones zählen Apps für soziale Netzwerke."[26] Jedoch finden sich mittlerweile auch für jeden anderen Bereich unseres Lebens passende Anwendungen, somit auch für den Schulalltag. Hierbei gibt es einige Kategorien wie Vokabel/Sprach-Trainer, Stundenplan-Generatoren, Mathematik-Übungen oder auch Wörterbücher.

Der Fokus dieses projektorientierten Unterrichtsvorhabens liegt auf dem Testen von Apps.

---

[20] Vgl. http://lehrerfortbildung-bw.de/bs/bsueb/if/paedagogische_diagnose/07_if_sek2_kompetenzen/ (Stand: 22.12.2015, 09.30 Uhr)
[21] Vgl. Ministerium für Kultus, Jugend und Sport: Bildungsplan für die Realschule 2004
[22] Krapp; Weidenmann (Hrsg.) (2006): Pädagogische Psychologie. BELTZ, S. 255
[23] Vgl. http://www.dji.de/fileadmin/user_upload/5_kompetenznachweis/KB_Kompetenzliste_281206.pdf (Stand: 22.12.2015, 09.20 Uhr)
[24] http://www.gruenderszene.de/lexikon/begriffe/app (Stand: 22.12.2015, 09.24 Uhr)
[25] Vgl. ebd.
[26] Hugger, K.-U. (Hrsg.) (2014): Digitale Jugendkulturen - 2. Auflage. Springer VS, S. 268

"Mithilfe von Tests werden Produkte und Dienstleistungen im Hinblick auf Beschaffenheit und Qualität untersucht. Dadurch soll herausgefunden werden, welchen tatsächlichen Gebrauchswert Waren und Dienstleistungen für die Verbraucher haben, und zwar unabhängig vom Werbeversprechen der Hersteller."[27] Um Tests aussagekräftig und zuverlässig zu gestalten, müssen drei Kriterien eingehalten werden:

1. Objektivität: Produkte müssen immer auf dieselbe Art und Weise -unabhängig vom Prüfer-getestet werden. Außerdem darf der Prüfer nicht durch Markennamen oder Sonstiges beeinflusst werden.

2. Validität: Es wird genau festgelegt, was in dem jeweiligen Test geprüft werden soll. Dafür werden "eindeutige Prüf- und Bewertungskriterien"[28] festgelegt und entwickelt, auch um mögliche Fehlerquellen ausschließen zu können.

3. Reliabilität: Im Falle von Test-Wiederholungen müssen die gleichen Ergebnisse erbracht werden. Somit sind Objektivität und Validität gewährleistet.

Beim Testvorgang hat man beispielsweise die Möglichkeit, sich an dem bekannten Magazin der 'Stiftung Warentest', welche 1964 vom Deutschen Bundestag ins Leben gerufen wurde[29], zu orientieren. Diese Stiftung "prüft Produkte und Dienstleistungen nach wissenschaftlichen Methoden in unabhängigen Instituten und veröffentlicht die Ergebnisse in ihren Publikationen"[30]. Beim Testen wird höchst genau vorgegangen. Das bedeutet z.B., dass für alle Testobjekte bzw. Testläufe identische Rahmenbedingungen und Testvoraussetzungen geschaffen werden.[31] Zudem "sind die Warentester auf Brot-und-Butter-Ware fixiert"[32], sprich: es werden Alltagsgegenstände, die jedermann nutzt, ausgewählt. Für die Unterrichtseinheit 'Wir testen Apps' konnte ich mich stückweise an den Vorgehensweisen der Stiftung Warentest orientieren.

4. DIDAKTISCHE ANALYSE

4.1 Bezug zum Bildungsplan

Ausgehend von der Thematik "Wir testen Apps" lassen sich für das projektorientierte Unterrichtsvorhaben zwei übergeordnete Kompetenzen darlegen: Medienkompetenz und

---

[27] Kriebitzsch-Neuburg, J. (2012): Schüler als Konsumenten: Was Jugendliche über Wirtschaft wissen sollten (7. bis 9. Klasse). AOL Verlag, S. 40
[28] Vgl. ebd.
[29] http://www.focus.de/finanzen/stiftung-warentest-so-lesen-sie-die-tests-im-internet_id_5012583.html (Stand: 22.12.2015, 09.22 Uhr)
[30] https://www.test.de/unternehmen/ueberuns/ (Stand: 22.12.2015, 09.42 Uhr)
[31] Vgl. http://www.morgenpost.de/web-wissen/article106379576/Blick-ins-geheime-Testlabor-von-Stiftung-Warentest.html (Stand: 22.12.2015, 09.38 Uhr)
[32] http://www.spiegel.de/wirtschaft/service/verbraucherschutz-wie-die-stiftung-waren-testet-a-721896.html (Stand: 22.12.2015, 09.40 Uhr)

personale Kompetenz. Das Anbahnen dieser Kompetenzen ließ sich während der gesamten Unterrichtseinheit durch unterschiedliche Sozial- und Arbeitsformen sowie durch teilweise differenziert aufbereitetes Material verwirklichen und überprüfen.

Die informationstechnische Grundbildung leistet einen immensen Beitrag zur Förderung von Medienkompetenz. "Darunter fällt die Mediennutzung (Medien sachgerecht und bedürfnisbezogen nutzen), das Medienverständnis (Medienbotschaften verstehen), die Medienkritik (Medienbotschaften kritisch hinterfragen und ihre Wirkungen reflektieren; Medien in ihren Produktionsbedingungen und ihrem Bezug zur gesellschaftlichen Wirklichkeit erkennen und verstehen) und die Mediengestaltung (Medien gestalten und zur Kommunikation einsetzen)."[33]

Aus dem Kompetenzbereich 'Arbeiten und Lernen mit informationstechnischen Werkzeugen' soll bei den Lernenden angebahnt werden, "grundlegende [...] informationstechnische Anwendungen selbstständig und zweckorientiert ein[zu]setzen"[34]. Dem Bereich 'Entwickeln, Zusammenhänge verstehen, Reflektieren' entstammt eine der wichtigsten Kompetenzen, welche die projektorientierte Unterrichtseinheit hauptsächlich ausmacht: Qualitätsmerkmale für [...] Software [in Zusammenhang mit Smartphones (Apps)] aufstellen[35].

Bezüglich der personalen Kompetenzen soll unter anderem angebahnt werden, "selbstständig und zuverlässig [zu] arbeiten"[36] und "bei Widerständen und Schwierigkeiten durch[zu]halten"[37].

Das projektorientierte Unterrichtsvorhaben erfordert "Eigeninitiative, Verantwortungsbewusstsein, Kommunikations- und Konfliktfähigkeit. Schülerinnen und Schüler praktizieren Formen der Reflexion, der Fremd- und Selbstbewertung"[38]. Wichtig ist zudem, dass die "Schüler von Anfang an in Entscheidungsprozesse ein[gebunden] werden"[39]. Projektorientiertes Arbeiten ist ein bedeutender Bestandteil des Methodencurriculums von Schulen, da "die personalen, sozialen und methodischen Kompetenzen [...] in den jeweiligen themenorientierten Projekten unterschiedlich gefordert und gefördert [werden]"[40].

---

[33] Ministerium für Kultus, Jugend und Sport: Bildungsplan für die Realschule 2004, S. 192
[34] Ebd., S. 194
[35] Ministerium für Kultus, Jugend und Sport: Bildungsplan für die Realschule 2004, S. 195
[36] Ebd., S. 145
[37] Ebd.
[38] Ministerium für Kultus, Jugend und Sport: Bildungsplan für die Realschule 2004, S. 188
[39] Ebd.
[40] Ebd., S. 174

4.2 Kompetenzen und Lernziele

Gemäß des Bildungsplans[41] für Realschulen 2004 liegt der Schwerpunkt auf der Anbahnung folgender Kompetenzen:

Kompetenzen..	Kriterien	Kompetenzorientierte Lernziele	Indikatoren
Die Lernenden können…		Die Lernenden …	
Informationstechnische Grundbildung:			
1. Arbeiten und Lernen mit informationstechnischen Werkzeugen			
"grundlegende informationstechnische Anwendungen selbstständig und zweckorientiert einsetzen."[42]	Lernende setzen den Computer ein.	erweitern ihre Medienkompetenz, indem sie im Internet nach Informationen recherchieren.	Lernende geben entsprechende Suchbegriffe in eine Suchmaschine ein.
	Lernende setzen Anwendungen ihrer Smartphones und Tablets ein.	erweitern ihre Medienkompetenz, indem sie Anwendungen ihrer mobilen Endgeräte zielgerichtet nutzen.	Lernende nutzen den Appstore/Playstore und ihre zu testenden Apps.
3. Entwickeln, Zusammenhänge verstehen, Reflektieren			
"Qualitätsmerkmale für Software in Zusammenhang mit Smartphones (Apps) aufstellen."[43]	Lernende stellen Testkriterien zum Testen von Apps auf.	erweitern ihre Medienkompetenz und ihre personale Kompetenz, indem sie selbst wichtige Testkriterien finden, die für das Unterrichtsvorhaben notwendig sind.	Lernende geben zum Zwecke eines Brainstormings selbst mögliche Testkriterien in ein Online-Dokument (Google Docs) ein.
	Lernende wählen aussagekräftige Testkriterien.	erweitern ihre Medienkompetenz und ihre personale Kompetenz, indem sie gemeinsam eine engere Auswahl wichtiger Faktoren treffen.	Lernende diskutieren im Plenum und sammeln die finalen Testkriterien.
TOP WVR *Leitgedanken*			
"Schülerinnen und Schüler praktizieren Formen der Reflexion, der Fremd- und Selbstbewertung."	Lernende geben Feedback und halten Feedback aus.	erweitern ihre personale Kompetenz, indem sie einander angemessenes Feedback zu den Präsentationen geben und gegebenes Feedback	Lernende beziehen vorgegebene Leitfragen zum Feedback bei ihrer Rückmeldung an ihre Mitschüler ein.

---

[41] Vgl. Ministerium für Kultus, Jugend und Sport: Bildungsplan für die Realschule 2004
[42] Vgl. Ministerium für Kultus, Jugend und Sport: Bildungsplan für die Realschule 2004, S. 194
[43] Vgl. ebd., S. 195

		aushalten.	
	Lernende bilden eine Meinung und begründen diese.	erweitern ihre personale Kompetenz, indem sie ihre Meinung zu den Präsentationen und zu dem projektorientierten Unterrichtsvorhaben bilden und begründen.	Lernende bringen positive und negativ Kritik zu getesteten Apps und zur gesamten projektartigen Unterrichtseinheit ei
	Lernende bewerten ihre Arbeit in Gruppen.	erweitern ihre personale Kompetenz, indem sie nach jeder Gruppenphase die Effektivität und Sinnhaftigkeit der Gruppenarbeit beschreiben.	Lernende halten ihre Empfindungen und Erfahrungen währen Gruppenphasen anhand von Reflexionsbögen fes

1. Methodischer Bereich: Lernen und Arbeiten in den verschiedenen Phasen eines Projekts
Lernende dokumentieren und präsentieren ihr Projekt

" [...] Präsentationsformen einsetzen, bei denen die individuellen Leistungen zum Tragen kommen."[44]	Lernende dokumentieren ihre Testergebnisse.	erweitern ihre personale und methodische Kompetenz, indem sie ihre Arbeitsergebnisse schriftlich festhalten.	Lernende tragen die Ergebnisse ihrer Testvorgängen in ih Tabelle mit Testkriterien ein.
	Lernende präsentieren Plakate mit ihren Arbeitsergebnissen.	erweitern ihre personale und methodische Kompetenz, indem sie ihre Arbeitsergebnisse in ihrer Gruppe präsentieren.	Lernende präsentier ihre Arbeitsergebnis und persönliche Meinung zum getesteten Produkt unter Einbeziehung ihrer selbst erstellte: Plakate.

4.3 Die fünf Grundlagen der didaktischen Analyse nach Wolfgang Klafki

Um das Thema einer Unterrichtseinheit stimmig auszuwählen, ist es empfehlenswert, die fünf Grundlagen der didaktischen Analyse nach Wolfgang Klafki in die Planung einzubeziehen. Denn „durch die didaktische Analyse wird geklärt, ob die Auswahl der Unterrichtsthemen auf der Grundlage eines modernen Bildungsbegriffs gerechtfertigt werden kann."[45] Im Folgenden wird Klafkis didaktische Analyse auf die vorliegende Unterrichtseinheit bezogen:

---

[44] Ministerium für Kultus, Jugend und Sport: Bildungsplan für die Realschule 2004, S. 189
[45] Meyer, H. (2009): Leitfaden Unterrichtsvorbereitung, S.200

8

1. Gegenwartsbedeutung: Da wir in einer medialen Gesellschaft leben, in der das Web 2.0 und seine dazugehörigen elektronischen Medien einen immensen Stellenwert inne haben, wachsen Kinder und Jugendliche als 'digital natives' auf.[46] Jedoch sollen diese nicht 'blind' mit digitalen Medien umgehen, sondern auch wissen, worauf es bei der Nutzung ankommt und in der Lage sein, bestimmte Anwendungen kritisch zu hinterfragen.

2. Zukunftsbedeutung: Die Zukunftsbedeutung lässt sich mit der Gegenwartsbedeutung gleichsetzen. Das mediale Zeitalter wird sich stetig weiterentwickeln, sodass die Vermittlung von Medienbildung und Medienkompetenz an Wichtigkeit gewinnt.

3. Sachstruktur: Wie Punkt 6.2 zu entnehmen ist, wurden die Lernenden schrittweise an den Vorgang des Testens herangeführt, indem sie sich zunächst mit ausgewählten Inhalten, die als Grundlage zur Thematik dienen sollten, befassten. Dies sollte eine Wissensbasis schaffen, auf der dann im Laufe des projektartigen Vorhabens aufgebaut werden konnte.

4. Exemplarische Bedeutung: Die gemeinsam erarbeiteten Testkriterien können exemplarisch zum Testen und Bewerten auf alle Apps angewendet werden.

5. Zugänglichkeit: Durch die Gegebenheit, dass die Lernenden sowohl ihre Arbeitspartner für die Gruppenarbeit, als auch selbst die zu testenden Apps selbst wählen durften, wurde der Zugang zur Thematik offensichtlich erleichtert. Besondere Begeisterung wurde dadurch geweckt, dass Smartphones und Tablets ausnahmsweise im Unterricht verwendet werden durften.

4.4 Lerntheoretische Erkenntnisse

Während der Phase der Vermittlung von Basiswissen zur Thematik basierte der Unterricht auf der **kognitivistischen Lerntheorie**, dem "Lernen durch Einsicht und Erkenntnis"[47]. Hierbei spielt sich das Lernen durch "Informationsaufnahme, -verarbeitung und -speicherung"[48] ab. Während der zweiten Phase meiner projektorientierten Unterrichtseinheit wurde ein stärkerer Fokus auf die **konstruktivistische Lerntheorie** gelegt. Den Lernenden wurde dabei ein hohes Maß an Freiheit geboten, sich die zu behandelnden Themengebiete selbst zugänglich zu machen.[49] "Lernen - so der Konstruktivismus- ist ein [...] selbstgesteuerter, eigenwilliger und

---

[46] Vgl. Moser, H. (2010): Schule 2.0 - Medienkompetenz für den Unterricht. Carl Link, S. 8
[47] http://lehrerfortbildung-bw.de/moodle-info/schule/einfuehrung/material/2_meir_9-19.pdf (Stand: 22.12.2015, 09.32 Uhr)
[48] Ebd.
[49] Vgl. https://www.isb.bayern.de/download/1542/flyer-lerntheorie-druckfassung.pdf (Stand: 22.12.2015, 09.27 Uhr)

eigensinniger Prozess."[50] Notwendig sind dennoch Informationen, Anregungen und Rückmeldungen, die hier durch die Lernbegleiterin gegeben wurden. Bereits Dewey, einer der Vorreiter des Konstruktivismus, erkannte, dass "im Handeln Wissen aufgebaut und interaktiv durch ein untersuchendes, neugieriges experimentierendes Verhalten konstruiert wird".[51] Eigenverantwortlich arbeiten konnten die Lernenden, indem sie sich selbstständig Wissen zu Testverfahren aneigneten, welches sie mit der Lerngruppe teilen konnten. Zudem erstellten sie gemeinschaftlich die Testkriterien und wurden auch beim Testvorgang an sich selbst tätig. Ebenso sind die Reflexion nach jeder Gruppenarbeit sowie die gemeinsame Reflexion zum Abschluss der Unterrichtseinheit konstruktivistischen Lerntheorie zuzuordnen.[52]

5. ANALYSE DER LERNGRUPPE

5.1 Lernvoraussetzungen

Die Lerngruppe der XY Schule, die ich seit Beginn des Schuljahres in ITG unterrichte, setzt sich aus 26 Lernenden zusammen, darunter acht Jungen und 18 Mädchen. Von diesen weisen verhältnismäßig wenige einen Migrationshintergrund auf. Eine der Lernenden kam vor etwa einem Jahr aus Syrien nach Deutschland. Ihre Deutschkenntnisse sind -besonders rezeptiv-bereits so gut, dass sie dem Unterricht Folge leisten kann. Zudem hat sie einige Ansprechpartnerinnen in der Lerngruppe, die ihr bei Sprach- und Verständnisschwierigkeiten stets zur Seite stehen. Für den ITG-Unterricht wird die Lerngruppe generell in zwei Gruppen aufgeteilt, die jeweils an einer Unterrichtsstunde pro Woche teilnimmt. Grundsätzlich zeigt die Lerngruppe hierbei Interesse und bringt sich motiviert ein. Auf den Einsatz verschiedener Sozialformen können sich die Lernenden ohne Probleme einstellen. Das Reflektieren und Präsentieren von Arbeitsergebnissen kennen die Lernenden bereits aus anderen Fächern wie z.B. Deutsch, Englisch oder EWG. Da im sechsten Schuljahr an der XY Schule kein ITG stattfindet und im fünften Schuljahr lediglich eine Tastaturschulung durchgeführt wird, ist der Lern- und Wissensstand bezüglich der Nutzung von Computer und Internet eindeutig heterogen, wodurch ich mich häufig unterstützend einbringe und differenziertes Material bzw. Hilfestellungen anbiete. Um die Vorkenntnisse und das Wissen über die Nutzung von Smartphones/Tablets und Apps in Erfahrung zu bringen, wurde zunächst eine erste

---

[50] Siebert, H. (2005): Pädagogischer Konstruktivismus - Lernzentrierte Pädagogik in Schule und Erwachsenenbildung. BELTZ Pädagogik, S. 32
[51] Reich, K. (2006): Konstruktivistische Didaktik - Lehr-und Studienbuch mit Methodenpool. BELTZ Pädagogik, S. 71
[52] Vgl. https://www.isb.bayern.de/download/1542/flyer-lerntheorie-druckfassung.pdf (Stand: 22.12.2015, 09.27 Uhr)

Lernstandserhebung[53] durchgeführt. Durch diese erfuhr ich, dass zwar alle Lernenden einige Funktionen ihres Smartphones kannten, jedoch aber zum Teil nicht wussten, welches Betriebssystem sie nutzen. Des Weiteren konnten sie beschreiben, welche Apps sie nutzen, jedoch nicht, was eine App an sich ist. Nur wenige der Lernenden konnten sich zu diesem Zeitpunkt bereits vorstellen, welche Arten von Apps für den Schulalltag nützlich sein könnten. Bezüglich der Merkmale, nach denen man Apps als brauchbar bzw. unbrauchbar bewerten kann, gaben einige Lernende an, dass sie auf die Bewertung im jeweiligen App-Store achten. Wann sie eine App gut oder schlecht finden, konnten ebenso nur wenige der Lernenden beantworten.

Daraus schloss ich für mich, dass es an der Zeit war, die Lerngruppe zu "APPsperten" zu machen.

5.2 Rahmenbedingungen für die Unterrichtseinheit

Der ITG-Unterricht findet im Computerraum statt, welcher mit 14 Computern, einem Beamer und einem Drucker ausgestattet ist. Diese Gerätschaften waren für das geplante Unterrichtsvorhaben jedoch nur von zweitrangiger Wichtigkeit. Neben den Computertischen ist in der Mitte des Raumes eine Tischgruppe angeordnet, sodass auch Unterricht im Plenum stattfinden kann. Sofern es die Inhalte zuließen durften gelegentlich auch Kleingruppen draußen vor der Tür oder in der angrenzenden Mensa arbeiten.

Da die geplante projektartige Unterrichtseinheit nach dem Motto "bring your own device" stattfinden sollte, war es zunächst wichtig zu erfahren, welche technische Ausstattung die Lernenden bereits mitbringen. So wurde abgefragt, ob ein Smartphone oder Tablet vorhanden ist und ob über eine Internet-Flat verfügt wird. Da ausnahmslos alle Lernenden ein mobiles Endgerät besitzen, war es nun nötig einen WLAN-Anschluss bereitzustellen. Dieser wurde über einen portablen Router hergestellt, über den 15 Geräte gleichzeitig Zugang zum Netz haben. Da dieser Zugang autark vom jugendgeschützten Schulnetz war, mussten natürlich Regeln zur korrekten Internetnutzung[54] während dieser Zeit aufgestellt werden. Zudem wurden gemeinsame allgemeine Projektregeln[55] erarbeitet, welche dann gut ersichtlich im PC-Raum aufgehängt wurden.

---

[53] Siehe Anhang 2.
[54] Siehe Anhang 4.
[55] Siehe Anhang 3.

6. DURCHFÜHRUNG DER UNTERRICHTSEINHEIT

6.1 Planung und Gestaltung

"Die Projektmethode [nach Frey] ist ein Weg zur Bildung. Sie ist eine Form der lernenden Betätigung, die bildend wirkt."[56] Umschrieben wird die Projektmethode wie folgt: "Eine Gruppe von Lernenden bearbeitet ein Gebiet. Sie plant ihre Arbeiten selbst und führt sie auch aus. Oft steht am Ende ein sichtbares Produkt."[57]

Um die Unterrichtseinheit zu beginnen, wurde zunächst ein informierender Einstieg für den Verlauf des projektartigen Vorhabens durchgeführt. So wussten die Lernenden, was sie erwarten würde, sodass sie sich mental darauf einlassen und auch motivieren lassen konnten.[58] Hierbei wurde ihnen auch eröffnet, dass die Lerngruppe nach Abschluss der Unterrichtseinheit mit ihren Endprodukten am Wettbewerb "Jugend testet" teilnehmen darf. Wie bereits erwähnt stellten wir gemeinsame Projektregeln auf. Nun wurden zu Beginn allgemeine Grundlagen zur Thematik Smartphone, Betriebssysteme und Apps behandelt. Dazu nutzte ich beispielsweise einen kurzen Lehrfilm und erstellte diverse Arbeitsmaterialien. Für die Bearbeitung dieser wurde hauptsächlich die Sozialform Einzelarbeit gewählt. "Aus lernpsychologischer Sicht ist Einzelarbeit sinnvoll, weil Lernen in der Form der Aufnahme von Wissensstoff immer individuell stattfinden muss."[59] Um auf den jeweiligen Lernstand der Lernenden einzugehen, wurden Differenzierungsmaßnahmen wie Hilfeboxen mit Tippkarten[60], Stichwortkarten oder Arbeitsblätter mit einigen[61] Beispielantworten bereitgestellt. Diese Phase der Aufarbeitung der zu behandelnden Inhalte diente als Vorarbeit für den eigentlichen "Höhepunkt" des Vorhabens, das Testen und Bewerten von Apps. Um diesen Hauptteil einzuleiten, wurde ein gemeinsames Brainstorming durchgeführt. Hier konnten die Lernenden im Plenum ihre Vorstellungen zu schulgeeigneten Apps miteinander teilen und anhand eines Clusters sammeln. Anschließend erhielten sie jeweils die Ausgabe 8/2015 des Stiftung Warentest Magazins und konnten sich mit dem Konzept und dem Aufbau dieses Heftes auseinandersetzen, welches sich passenderweise mit dem Testen von Smartphones sowie Messenger-Apps befasste. Schlussendlich sollte dies dazu dienen, sich inspirieren zu lassen und Ideen für das Zusammentragen eines eigenen Kriterienkatalogs zu sammeln. Diese wurden anhand eines Google-Docs-Dokuments festgehalten und nach einer

---

[56] Frey, K. (2010): Die Projektmethode - "Der Weg zum bildenden Tun". Beltz, S. 14
[57] Ebd., S. 13
[58] Grell, J.; Grell, M. (1999): Unterrichtsrezepte. BELTZ Taschenbuch, S. 152 f
[59] Vgl. Mattes, W. (2011): Methoden für den Unterricht. Schöningh, S. 44
[60] Siehe Anhang 6
[61] Siehe Anhang 5.

gemeinsamen Abstimmung in eine - für alle Gruppen einheitliche - Word-Tabelle[62] übertragen.

Im Anschluss daran durften die Lernenden selbstständig Gruppen bilden, in und mit denen sie während des weiteren Verlaufs des projektartigen Unterrichtsvorhabens arbeiten. Das Arbeiten in stabilen Gruppen[63] war hier notwendig, da es letztendlich pro Gruppe ein festes Thema, genauer, eine bestimmte App zu bearbeiten galt. "In den Phasen der Gruppenarbeit erarbeite[te]n die Schülerinnen und Schüler in Gruppengrößen zwischen drei und [vier] Mitgliedern eine Aufgabenstellung eigenverantwortlich."[64] Die einzelnen Schritte beim Finden von Test-Apps wurden hierbei innerhalb der Gruppe dokumentiert. Zudem reflektierten die Lernenden nach jeder Gruppenarbeit anhand eines Reflexionsbogens[65] die jeweils vorausgegangene Gruppenphase. Ihre Auswahl einer zu bearbeitenden App durften die Lernenden anhand eines Placemats treffen. "Durch die Kombination der Stillarbeit mit der darauffolgenden Gruppenaktivität gelingt es auf recht einfache Art und Weise, alle [Lernenden] ertragsorientiert in den Unterricht zu integrieren."[66] Nachdem für alle Lernenden geltende Regeln zur Internetnutzung besprochen wurden, konnte die Testphase mit dem Finden und Herunterladen einer geeigneten App starten. Um zu einem abschließenden Qualitätsurteil zu gelangen, wurden die Produkte - in diesem Fall Schul-Apps- nach diversen Kriterien beurteilt. Wichtig waren für das projektorientierte Unterrichtsvorhaben die von den Lernenden selbst aufgestellten Faktoren: Funktionen, Handhabung, Datensicherheit und Internetverbindung mit diversen Unterpunkten. Hatten die Lernenden ein abschließendes Urteil gefällt und ihre Noten vergeben, verfassten sie ein Protokoll zum Testvorgang sowie ein Fazit zu der getesteten App. Um dieses Produkt auch greifbar zu machen und visuell anschaulich darzustellen, sollten die Lernenden Plakate mit ihren Testergebnissen und Information zu den Apps gestalten. Als "APPsperten" der eigens getesteten Apps stellten die Kleingruppen ihre Ergebnisse innerhalb der Lerngruppe in Form einer analogen Präsentation vor.[67] Hierbei standen das Thema und die Sache im Vordergrund, da die Gruppe über die Produkte ihrer Mitschüler informiert werden sollte.[68] Demgegenüber erhielt jede Gruppe ein Feedback zu ihrer Arbeit. Anschließend folgte eine gemeinsame Reflexion zu allgemeinen positiven- und Entwicklungsaspekten der gesamten Unterrichtseinheit anhand von roten und

---

[62] Siehe Anhang 8.
[63] Vgl. Mattes, W. (2011): Methoden für den Unterricht. Schöningh, S. 44
[64] Ebd., S. 64
[65] Siehe Anhang 7.
[66] Mattes, W. (2011): Methoden für den Unterricht. Schöningh. S. 76
[67] Vgl. Landesmedienzentrum Baden-Württemberg (2014): Mediencurriculum Sekundarstufe 1
[68] Vgl. Mattes, W. (2011): Methoden für den Unterricht. Schöningh, S. 120

grünen Kärtchen. "Feedbacks zur Unterrichtsqualität liefern uns Lehrern eine Fülle unterrichtsrelevanter Informationen"[69], die wir für zukünftige Vorhaben nutzen können. Die verschiedenen Plakate wurden zum Abschluss vor den Weihnachtsferien in einer schulinternen Ausstellung vorgestellt.

Eine ausführlichere Beschreibung der Verlaufsplanung mit Datum und zeitlicher Begrenzung ist im Anhang aufgeführt.[70]

6.2 Projektorientierung nach Gudjons

„Wer ein Projekt beginnt, sollte solche Theorien kennen, sich aber hüten, ihnen sklavisch zu folgen. Das Leben verläuft nicht gradlinig, manchmal in Sprüngen, zumeist überraschend, Projekte auch."[71]

Damit ist gemeint, dass man bei der Durchführung eines Projekts auf Theorien zurückgreifen, aber dennoch Offenheit Neuem gegenüber erbringen sollte. Im schulischen Kontext können wir nämlich nicht davon ausgehen, dass alles so durchgeführt werden kann, wie in der Theorie geplant. Da im schulischen Rahmen nicht alle Merkmale und Schritte eines Projekts eingehalten werden können, spricht man in diesem Bereich von projektartigem oder projektorientiertem Unterricht. Im Folgenden werden Merkmale eines Projekts nach den Projektschritten von Gudjons und deren geplanter Umsetzung im Unterricht genannt und erläutert.

Projektschritt 1: Eine für den Erwerb von Erfahrungen geeignete, problemhaltige Sachlage auswählen.

Situationsbezug: Die Lernenden befassen sich in ihrer Freizeit häufig mit der Verwendung von Smartphones und Tablets sowie dem Herunterladen von Apps. *Orientierung an den Interessen der Beteiligten:* Den Lernenden wurde ein Mitbestimmungsrecht eingeräumt, indem sie selbstständig entscheiden durften, welche Apps sie testen möchten. *Gesellschaftliche Praxisrelevanz:* Die Lernenden handelten und arbeiteten im Hinblick darauf, ihre Ergebnisse am Ende der Arbeitsphase in einer Ausstellung ihren Mitschülern zu präsentieren.[72]

Projektschritt 2: Gemeinsam einen Plan zur Problemlösung entwickeln.

---

[69] Ebd., S. 130
[70] Siehe Anhang 1.
[71] Gudjons, H. (2014): Handlungsorientiert lehren und lernen. Klinkhardt, S. 78
[72] Ebd., S. 79 ff

Zielgerichtete Projektplanung: Den Lernenden wurde zu Beginn der Unterrichteinheit der Ablauf und Verlauf vorgestellt. Somit war das Ziel der Unterrichtseinheit transparent. *Selbstorganisation und Selbstverantwortung:* Die Lernenden organisierten durch Selbstverantwortung und Eigeninitiative ihr Handeln und Arbeiten selbst. Dies spiegelte sich zum einen im Zusammenfinden von Arbeitsgruppen und zum anderen im eigenständigen Planen der Testphase wieder.[73]

Projektschritt 3: Sich mit dem Problem handlungsorientiert auseinandersetzen.

Einbeziehen vieler Sinne: Die Lernenden bezogen durch das handlungsorientierte Vorgehen mehrere Sinne ein. Unter Einbeziehung des Kopfes und des Gefühls erzielten sie produktive Ergebnisse. Mit ihren Augen, Ohren, Mündern und Händen waren sie während der gesamten Einheit aktiv. *Soziales Lernen:* Die Lernenden arbeiteten mit Partnern in Gruppen zusammen, in denen sie sich miteinander über Inhalte und Vorgehensweisen abstimmten, austauschten und reflektierten.[74]

Projektschritt 4: Die erarbeitete Problemlösung an der Wirklichkeit überprüfen.

Produktorientierung: Die Arbeitsergebnisse der einzelnen Gruppen wurden durch selbst erstellte Plakate veranschaulicht. Zum Ende der Unterrichtseinheit präsentierte die Lerngruppe 7b ihr Ausstellungsprodukt der gesamten Schule.[75]

7. REFLEXION

7.1 Darstellung des Unterrichtserfolgs

Der geplante Verlauf dieser projektartigen Unterrichtseinheit konnte aufgrund hoher Motivation und starken Engagements seitens der Lernenden zeitgenau eingehalten werden. Die anzubahnenden Kompetenzen konnten von den Lernenden je nach individuellem Leistungsstand erreicht werden. Somit konnte ein sichtbarer Lernzuwachs stattfinden. Dieser wurde zum einen anhand einer zweiten Lernstandserhebung festgestellt, bei der die Lernenden mit den gleichen Fragen des ersten Durchgangs konfrontiert wurden. Hier stellte sich nun heraus, dass sich tatsächlich jede/r Lernende zu jeder der Fragen sinnvoll äußern konnte. Besonders zeigte sich der Wissenszuwachs bei den Fragen nach bekannten Schul-Apps sowie nach Merkmalen, die darauf hinweisen, ob eine App brauchbar oder unbrauchbar ist. Des Weiteren konnten die Lernenden nun deutlich begründen, welche Merkmale eine gute oder schlechte App kennzeichnen.

---

[73] Gudjons, H. (2014): Handlungsorientiert lehren und lernen. Klinkhardt, S. 83 f
[74] Ebd., S. 84 ff
[75] Ebd., S. 86 ff

Zum anderen konnte ebenso die Erweiterung der personalen Kompetenzen im Verlauf der Unterrichtseinheit durch wiederholtes Reflektieren, Beobachten und durch persönliche Gespräche mit den Lernenden konstatiert werden. Zusätzlich füllten alle Lernenden nach jeder Gruppenphase einen Reflexionsbogen zur Effektivität der Gruppenarbeit aus, was ebenfalls aussagekräftig war. Natürlich können personale Kompetenzen im Rahmen einer einzigen Unterrichtseinheit lediglich angebahnt werden, daher ist es notwendig und wichtig diese auch zukünftig zu fördern.

In einer Präsentationsrunde innerhalb der Lerngruppe stellte jede der Kleingruppen ihre getestete Apps vor. Während dieser war deutlich erkennbar, dass sich alle ausführlich mit ihren Produkten beschäftigt hatten und ihr Wissen darüber mit der Gruppe teilen konnten. Jedes Gruppenmitglied wurde zum "APPsperten" für seine getestete App. Bei der darauffolgenden Ausstellung für die ganze Schule konnten die Lernenden ihr "Knowhow" nochmals unter Beweis stellen. Jede Gruppe diente als Ansprechpartner für ihre getestete App bzw. ihr Ausstellungsprodukt und gab den Gästen bereitwillig Auskünfte.

Man merkte im Verlauf der projektartigen Unterrichtseinheit deutlich, dass die Lernenden viel Freude an der Thematik hatten, was zu einer hohen Motivation führte. Besonders erfreute mich, dass die Lerngruppe so viel Interesse und Freude an der Einbeziehung der Stiftung-Warentest-Magazine und der Aussicht auf die Teilnahme am Jugend-testet-Wettbewerb hatte, dass die Lernenden gemeinsam mit mir einen Brief[76] an die Stiftung verfassen wollten. Dies taten wir dann und erhielten daraufhin einen überaus positiven und motivierenden Antwortbrief.[77]

Auch in unserer gemeinsamen Reflexion zum Abschluss des Unterrichtsvorhabens zeigten die Lernenden sich zufrieden. Positiv wurden der Einsatz der mobilen Endgeräte und das gemeinsame Arbeiten in Gruppen empfunden. Auch der schrittweise Wissenszuwachs wurde erwähnt. Bezüglich der Gruppenarbeit gingen die Meinungen jedoch auseinander, was bereits durch das individuelle Feedback zur Gruppenarbeit deutlich wurde. Zusammenfassend bin ich sowohl mit der Motivaton und der damit verbundenen Leistung der Lernenden, als auch mit den abschließenden Produkten zufrieden und sehe diese Einheit als gelungen an.

7.2 Möglichkeiten zur Optimierung

Zur Planung einer vergleichbaren Unterrichtseinheit gibt es mit Sicherheit Vorgehensweisen, die ich ändern würde. Eine davon ist die Aneignung des Vorwissens, welche im Nachhinein

---

[76] Siehe Anhang 9.
[77] Siehe Anhang 10.

etwas langatmig erschien. Durch eine größere Vielfalt an Methoden und Materialien, als sie hier gegeben war, hätte man diese Phase abwechslungsreicher gestalten können. Zudem hat das Zusammenarbeiten in Gruppen nicht bei allen so funktioniert wie gewünscht. Einige Lernende waren des Öfteren frustriert und meldeten zurück, dass die Gruppenarbeit nicht optimal lief. Dies mag daran liegen, dass die Wahl der Gruppenpartner nicht von mir als Lernbegleiterin vorgegeben wurde. Alternativ würde ich in Zukunft so verfahren, dass ich die Lernenden nur teilweise selbst entscheiden lasse und ein Stück weit bestimmte Konstellationen vorgebe. Dies lässt sich beispielsweise durch Verabredungskalender, Partner- oder Gruppenpuzzle sowie Think-Pair-Share-Phasen umsetzen.[78] Ebenso ist die Durchführung eines Soziogramms denkbar.

7.3 Ausblick

Im Rückblick auf die hier beschriebene projektartige Unterrichtseinheit lässt sich sagen, dass diese für meine Lernenden der Lerngruppe 7b - aber auch für mich selbst - eine Bereicherung war. Unter Berücksichtigung der zuvor beschriebenen und benannten Aspekte kann ich mir vorstellen, eine ähnliche Unterrichtseinheit in Zukunft wieder durchzuführen.

---

[78] Vgl. Mattes, W. (2011): Methoden für den Unterricht. Schöningh

8. LITERATURVERZEICHNIS

- Baacke, D. (1997): Medienpädagogik. Niemeyer
- Frey, K. (2010): Die Projektmethode - "Der Weg zum bildenden Tun". Beltz
- Gesellschaft für Informatik (GI) e.v. (2008): Grundsätze und Standards für die Informatik in der Schule - Bildungsstandards Informatik für die Sekundarstufe I
- Grell, J.; Grell, M. (1999): Unterrichtsrezepte. BELTZ Taschenbuch
- Gudjons, H. (2014): Handlungsorientiert lehren und lernen. Klinkhardt,
- Hugger, K.-U. (Hrsg.) (2014): Digitale Jugendkulturen - 2. Auflage. Springer VS
- Krapp; Weidenmann (Hrsg.) (2006): Pädagogische Psychologie. BELTZ
- Kriebitzsch-Neuburg, J. (2012): Schüler als Konsumenten: Was Jugendliche über Wirtschaft wissen sollten (7. bis 9. Klasse). AOL Verlag
- Landesmedienzentrum Baden-Württemberg (2014): Mediencurriculum Sekundarstufe 1
- Mattes, W. (2011): Methoden für den Unterricht. Schöningh
- Medienpädagogischer Forschungsverbund Südwest: JIM-Studie 2015. Jugend, Information, (Multi)Media
- Meyer, H. (2009): Leitfaden Unterrichtsvorbereitung
- Ministerium für Kultus, Jugend und Sport: Bildungsplan für die Realschule 2004
- Moser, H. (2010): Schule 2.0 - Medienkompetenz für den Unterricht. Carl Link
- Reich, K. (2006): Konstruktivistische Didaktik - Lehr-und Studienbuch mit Methodenpool. BELTZ Pädagogik
- Schepers, P.; Wetekam, B. (2012): Handbuch Medienkunde - Konzeption und praktische Umsetzung schulischer Medienbildung. Westermann
- Schiefner-Rohs, M. (2013): Medienpädagogik - Strömungen, Forschungsfragen und Aufgaben. L3T
- Siebert, H. (2005): Pädagogischer Konstruktivismus - Lernzentrierte Pädagogik in Schule und Erwachsenenbildung. BELTZ Pädagogik

Internetquellen

- http://www.dieterbaackepreis.de/index.php?id=67 (Stand: 22.12.2015, 09.15 Uhr)
- http://www.dji.de/fileadmin/user_upload/5_kompetenznachweis/KB_Kompetenzliste_281206.pdf (Stand: 22.12.2015, 09.20 Uhr)
- http://www.focus.de/finanzen/stiftung-warentest-so-lesen-sie-die-tests-im-internet_id_5012583.html (Stand: 22.12.2015, 09.22 Uhr)
- http://www.gruenderszene.de/lexikon/begriffe/app (Stand: 22.12.2015, 09.24 Uhr)
- https://www.isb.bayern.de/download/1542/flyer-lerntheorie-druckfassung.pdf (Stand: 22.12.2015, 09.27 Uhr)
- http://lehrerfortbildung-bw.de/bs/bsueb/if/paedagogische_diagnose/07_if_sek2_kompetenzen/ (Stand: 22.12.2015, 09.30 Uhr)
- http://lehrerfortbildung-bw.de/moodle-info/schule/einfuehrung/material/2_meir_9-19.pdf (Stand: 22.12.2015, 09.32 Uhr)
- http://www.lernen-foerdern-ev.de/kinderland/standorte/greven-wilhelm-busch-strasse/fotogalerien/20112012/erzaehle-mir-und-ich-vergesse-zeige-mir-und-ich-erinnere-mich-lass-es-mich-tun-und-ich-verstehe-konfuzius-553-473-v-chr.html (Stand: 22.12.2015, 09.34 Uhr)
- https://www.medienkompetenzportal-nrw.de/grundlagen/begriffsbestimmung.html (Stand: 22.12.15, 09.36 Uhr)
- http://www.morgenpost.de/web-wissen/article106379576/Blick-ins-geheime-Testlabor-von-Stiftung-Warentest.html (Stand: 22.12.2015, 09.38 Uhr)
- http://www.spiegel.de/wirtschaft/service/verbraucherschutz-wie-die-stiftung-waren-testet-a-721896.html (Stand: 22.12.2015, 09.40 Uhr)
- https://www.test.de/unternehmen/ueberuns/ (Stand: 22.12.2015, 09.42 Uhr)

Bildquellen

- http://www.plastische-chirurgie-center.de/sites/default/files/responsive-adaptive-mobile-pc-tv-135565844.jpg (Stand: 22.12.2015, 09.49 Uhr)
- http://www.luiseundfritz.de/Baghera-Ziel-Flagge-Fahne-Autorennen-spielen-Nostalgie-Kinderzimmer (Stand: 06.01.2016, 13.22 Uhr)

ANHANG

1. Verlauf

Datum und Zeit	Thema der Lehr-Lernsequenz	Ziele
Woche vom 26.10.2015 45 Minuten	*Lernstandserhebung I / Einführung in die Thematik 'Smartphone und Betriebssysteme'*	- Lernende nehmen an einer "Umfrage" zum Thema 'Ich und mein Smartphone' teil. - Lernende aktivieren ihr Vorwissen zum Thema Smartphone und erweitern dieses durch einen Lehrfilm dazu. - Lernende kommen mit diversen Smartphone- Betriebssystemen in Berührung.
Woche vom 09.11.2015 45 Minuten	*Apps: was sind Apps genau und wofür können wir sie nutzen?*	- Lernende recherchieren im Internet nach Informationen. - Lernende stellen in einem gemeinsamen Brainstorming Überlegungen an, welche Arten von Apps für ihren Schulalltag nützlich sein könnten.
Woche vom 16.11.2015 45 Minuten	*Sammeln und Erstellen von Testkriterien*	- Lernende lernen Stiftung Warentest kennen. - Lernende sammeln mithilfe von Stiftung-Warentest-Heften mögliche Testkriterien, um später selbst getestete Apps bewerten zu können.
Woche vom 23.11.2015 45 Minuten	*Beginn der Testphase*	- Lernende finden sich in Gruppen zusammen und entscheiden mithilfe eines Placemats, welche Art von Schul-Apps sie testen möchten. - Lernende recherchieren nach zu testenden Apps und laden diese herunter.
Woche vom 30.11.2015 45 Minuten	*Testphase + Präsentieren des Zwischenstands*	- Lernende bewerten ihre ausgewählten Apps anhand der zuvor erarbeiteten Kriterien. - Lernende berichten über ihre Ergebnisse und geben Feedback, darüber, ob sie mit ihren Apps bzw. den Ergebnissen zufrieden sind. - Lernende wählen evtl. eine weitere App zum Testen aus.
Woche vom 07.12.2015 45 Minuten	*Gestalten der Präsentationen/*	- Lernende erhalten Zeit und entsprechendes Material, um ihre

	Lernstandserhebung II	Testergebnisse anhand von Plakaten darzustellen. - Der Lernstand der Lernenden wird erneut erhoben, um den Lernfortschritt feststellen zu können.
<u>Woche vom 14.12.2015</u> 45 Minuten	*Präsentationsrunde in der Gruppe*	- Lernende erhalten die Gelegenheit, ihre gestalteten Plakate in der Gruppe zu präsentieren und sich ein Feedback einzuholen, bevor die Ausstellung für die gesamte Schule folgt. - Lernende reflektieren gemeinsam mit der Lernbegleiterin über den Verlauf der Unterrichtseinheit bzw. ihren Arbeitsprozess.
45 Minuten	*Vertiefung der Reflexion*	- Lernende erhalten nochmals die Chance, zu ihrem Feedback genauer Stellung zu beziehen. - Lernende schreiben gemeinsam mit der Lernbegleiterin einen Brief an Stiftung Warentest, um als Dankeschön die Produkte zu zeigen.
	Ausstellung der Plakate	- Lernende stellen an Stellwänden für drei Tage ihre Plakate im Schulhaus aus, sodass sich alle interessierten Lernenden Anregungen holen können. - Lernenden dienen auf der Ausstellung als "APPsperten" und geben auf Anfrage Informationen zu den getesteten Apps.

<u>Ich und mein Smartphone - Umfrage</u>

1. Ich kenne die Funktionen eines Smartphones.

◯ Ja:_____

◯ Nein

2. Ich weiß, welches Betriebssystem auf meinem Smartphone installiert ist.

◯ Ja:_____

◯ Nein

3. Ich weiß, was eine App genau ist.

◯ Ja:_____

◯ Nein

4. Ich kenne/ nutze folgende Apps:

_____

5. Ich kenne/ nutze Apps, die für den Schulalltag nützlich sind.

◯ Ja:_____

◯ Nein

6. Ich weiß, nach welchen Merkmalen ich eine App als gut/ brauchbar oder schlecht/ unbrauchbar bewerten kann.

◯ Ja:_____

◯ Nein

7. Ich finde eine App gut, wenn_____

_____

Ich finde eine App schlecht, wenn_____

_____

Projektregeln

1. Ich bin ruhig und höre zu.

2. Ich melde mich, wenn ich etwas sagen möchte.

3. Der Akku meines Smartphones/ Tablets muss geladen sein oder ich habe eine Power Bank dabei.

4. Ich spiele im Unterricht nicht mit meinem Smartphone.

5. Ich nutze nur meinen Appstore/ Playstore und meine heruntergeladene Schul-App.

6. Wenn ich etwas im Internet recherchieren möchte, verwende ich dazu einen PC.

Internetregeln

1. Ich verbinde mein Gerät erst mit dem WLAN, wenn ich von der Lernbegleiterin dazu aufgefordert werde.

2. Ich nutze nur meinen Appstore/ Playstore .

3. Nachdem ich meine App heruntergeladen habe, wird die Verbindung wieder getrennt.

5. Ich klicke keine Werbung an!!!

6. Ich nutze keine anderen Anwendungen, außer es wird von der Lernbegleiterin vorgegeben.

7. Falls meine heruntergeladene App nur mit Internet nutzbar ist, wende ich mich an meine Lernbegleiterin.

5. Unterrichtsmaterial (Mittleres Niveau)

Was ist eine App?

Aufgabe: Versuche mithilfe des Internets herauszufinden, was genau eine App ist. Vervollständige das Cluster so, dass eine verständliche Erklärung entsteht.

Abkürzung für 'Application Software'

kleineres
APP
Computerprogramm

6. Hilfeangebot

Was ist eine App?

HILFE

So kannst du bei deiner Internet-Suche vorgehen:

1. Entscheide dich für eine Suchmaschine z.B. google.de.

2. Überlege dir, nach was du genau suchst.

3. Gib in der Suchmaske 1 bis 2 Stichworte ein. Es sollen nicht zu viele sein.

4. Die Wörter _Definition, Erklärung, Was ist..._, können dir bei der Suche nützlich sein.

7. Reflexion der Gruppenarbeit

Name:_____   Datum:_____

1. Unsere Gruppenarbeit war heute _____

2. Ich habe mich an der Gruppenarbeit beteiligt   ☺☺☺   ☺☺   ☺   ☹

3. Ich habe den anderen zugehört   ☺☺☺   ☺☺   ☺   ☹

4. Ich habe mich in der Gruppe wohlgefühlt   ☺☺☺   ☺☺   ☺   ☹

5. Ich habe die Meinung der anderen akzeptiert   ☺☺☺   ☺☺   ☺   ☹

Gut geklappt hat heute

_____

Nicht so gut war

_____

80

Für heute war das Ziel

_____

Geschafft habe ich heute

_____

_____

Noch schaffen möchte ich

_____

_____

Ich wünsche mir für die nächsten Stunde

_____

_____

Unsere Testkriterien   LG 7b

SCHUL-APPS

App:		
Kriterien	Gewichtung	Note/ Ja-Nein/ X
1. Funktionen	50%	
-		
-		
-		
-		
Vielfalt der Funktionen		
2. Handhabung	30%	
Bedienung		
Datenspeicher		
Design		
Akkuverbrauch		
3. Datensicherheit	20%	
Zugriff auf andere Apps		
Viren		
Werbung		
4. Betriebssystem		
iOS		
Android		
Windows		
5. Preis		
6. Internetverbindung		
Ohne Internet nutzbar		
Teilweise ohne Internet nutzbar		
Mit Internet nutzbar		
Qualitätsurteil	**100%**	

9. Brief an Stiftung Warentest

Walddorfhäslach, 16.12.2015

Liebes Stiftung-Warentest-Team,

wir sind die Lerngruppe 7b der [redacted]-Gemeinschaftsschule in [redacted] Mit unserer Lehrerin Frau Prawirakoesoemah haben wir in ITG ein tolles Projekt gemacht, bei dem wir mit unseren Handys und Tablets verschiedene Schul-Apps testen durften. Unsere Lehrerin hat dafür von Ihnen ganz viele Ausgaben zugeschickt bekommen, an denen wir uns beim Finden von eigenen Testkriterien orientieren konnten. Das fanden wir richtig cool ☺. Nächstes Jahr möchten wir mit der Klasse auch beim Jugend-testet-Wettbewerb mitmachen. Vorab wollten wir aber als Dankeschön schon mal unsere tollen Ergebnisse, die wir auch in einer Schulausstellung zeigen durften, präsentieren.

Viele Grüße,
die Lerngruppe 7b

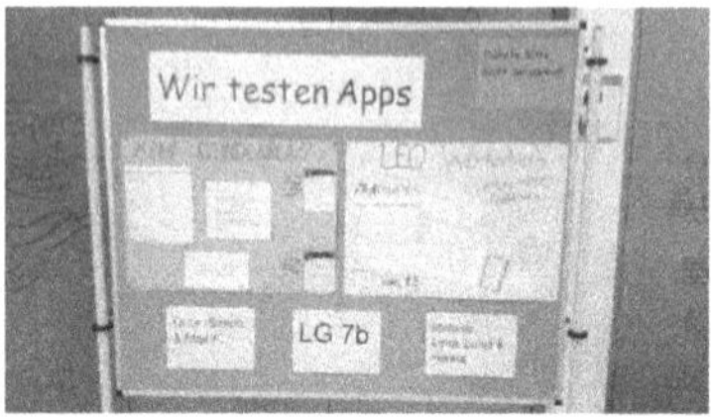

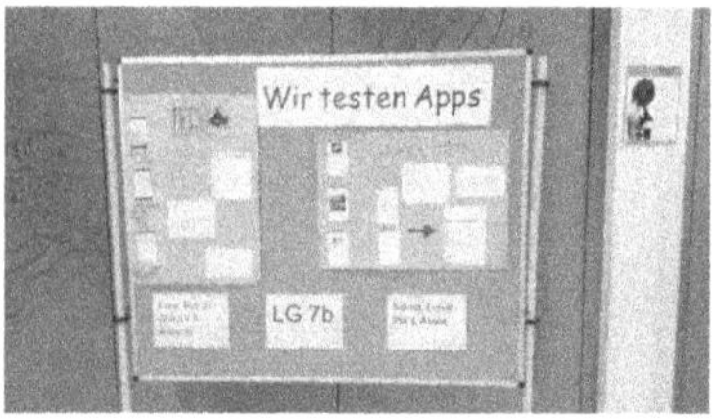

10. Antwortbrief Stiftung Warentest

An die
Lerngruppe 7b

17. Dezember 2015
Schulprojekt

Hallo liebe Lerngruppe 7b,

vielen lieben Dank für euren Brief und eure Bilder. Wir haben uns sehr gefreut und uns begeistert die Ergebnisse angeschaut.

Schön, dass ihr so fleißig und interessiert wart – und es euch dazu auch noch Spaß gemacht hat. Außerdem finden wir es toll, dass ihr euer Projekt bei der Ausstellung präsentiert habt. So viel Arbeit hat auf jeden Fall eine Ausstellung und viele Zuschauer verdient.

Wir sind schon sehr auf euren Test gespannt, den ihr nächstes Jahr bei Jugend testet einreichen werdet. Übung habt ihr jetzt ja schon und Übung macht ja bekanntlich den Meister.

Mit freundlichen Grüßen
Stiftung Warentest

Unterrichtsentwurf für das Fach Informationstechnische Grundbildung

Vorgelegt von: Luisa Prawirakoesoemah

Unterrichtseinheit:

Wir testen Apps - Die Schülerinnen und Schüler einer siebten Klasse erweitern ihre Medienkompetenz durch das kriteriengeleitete Erproben und Bewerten von Apps und ihre personalen Kompetenzen durch selbstständiges Anwenden, Reflektieren und Präsentieren.

Lehr - Lernsequenz:

Die Lernenden erweitern ihre personalen Kompetenzen durch das abschließende Präsentieren ihrer getesteten Apps anhand selbst erstellter Plakate. Sie geben einander Feedback und reflektieren ihren Arbeitsprozess.

Inhaltsverzeichnis

1. Welche Bedingungen nehmen Einfluss auf die Lernsituation?

1.1 Institutionelle Bedingungen

Die XY Schule wird von ca. 400 Schülerinnen und Schülern[81] besucht, die aus verschiedenen Einzugsgebieten stammen. Diese sind sieben Grundschulklassen sowie einer Hauptschulklasse und neun Gemeinschaftsschulklassen zuzuordnen. Unter diesen Schülern gibt es verhältnismäßig wenige, die einen Migrationshintergrund aufweisen.

Die XY Schule ist eine der Starter-Gemeinschaftsschulen, somit gibt es derzeit Gemeinschaftsschulklassen von Jahrgangsstufe fünf bis acht. Diese werden als Lerngruppen bezeichnet, die LehrerInnen als LernbegleiterInnen. Ein bedeutendes Merkmal der Gemeinschaftsschule ist die Differenzierung in drei verschiedenen Niveau-Stufen bzw. -Standards: Basis-, Aufbau- und Expertenstandard. So können "die Gemeinschaftsschulen zeigen, wie ein Unterricht, der die unterschiedlichen Begabungen und Fähigkeiten der einzelnen Schülerin und des einzelnen Schülers in den Mittelpunkt stellt, erfolgreich umgesetzt werden".[82]
Eine Besonderheit an der XY Schule ist, dass die Lernenden beim Bearbeiten ihrer Materialien oder Lerndiagnosen selbst aussuchen dürfen, auf welchem Standard sie arbeiten möchten.

Ein reiner ITG-Unterricht findet an dieser Schule nicht statt, anstelle dessen gibt es einen sogenannten 'Qualifizierten Computerunterricht als begleitendes Fach'. Hierbei ist immer nur eine Teilgruppe einer Klasse involviert. Der Computerraum der XY Schule beinhaltet 14 Computer mit Flachbildschirmen, auf denen das Betriebssystem Windows Vista installiert ist. Des Weiteren ist der Raum mit einem Beamer und einem Drucker ausgestattet.
Während dieser Unterrichtseinheit bleiben die Computer jedoch weitestgehend außen vor, die Lernenden arbeiten hier hauptsächlich mit ihren Smartphones oder Tablets nach dem Motto 'bring your own device'.

---

[81] Im Folgenden werden Schülerinnen und Schüler allgemein als Lernende bezeichnet
[82] Ministerium für Kultus, Jugend und Sport: Die Gemeinschaftsschule in Baden-Württemberg, S. 5

1.2 Classroom Management

Laut Helmke ist kein anderes Merkmal ist so eindeutig mit dem Leistungsfortschritt und -niveau von Lernenden in ihren Lerngruppen verknüpft wie Classroom Management[83]. "Dabei geht es um all die Maßnahmen, die Lehrkräfte präventiv ergreifen, damit es erst gar nicht zu Störungen im Unterricht kommt."[84] Generell gilt für die Stunden des ITG-Unterrichts ein Belohnungssystem, bei dem die Lerngruppe sich Belohnungssteinchen verdienen kann. Bedingung hierfür ist, dass keiner der Lernenden auf "rot" landet. An der Tafel sind ein gelber und ein roter Kreis angebracht. Stört ein Lernender/ eine Lernende den Unterricht, erhält er/ sie zuerst eine Verwarnung, bei der nächsten Störung kommt er/sie auf "gelb". Stört er/ sie wieder, landet der Name ohne Vorwarnung auf "rot" und die Gruppe erhält nach dieser Stunde keine neuen Steinchen für das Belohnungsglas. Ist dieses Glas bis zu einem bestimmten Maß gefüllt, darf die Lerngruppe sich etwas überlegen, das zusammen unternommen wird, wie z.B. ein gemeinsames Essen oder ein kleiner Ausflug. Die Steinchen werden sozusagen eingelöst und das Glas dann geleert.

Für die Unterrichtseinheit 'Wir testen Apps' wurden von der Lernbegleiterin und den Lernenden gemeinsam einige wichtige Projektregeln aufgestellt, die dann im PC-Raum gut ersichtlich aufgehängt wurden.

2. Analyse der Sache und des Inhalts

2.1 Wir testen Apps

Zunächst einmal gilt es zu klären, was die sogenannten Apps, denen wir täglich begegnen, sind. "Der Begriff App stammt ursprünglich aus dem englischen Sprachraum und leitet sich von dem Wort 'Application' ab, was übersetzt so viel wie 'Anwendung' bedeutet. In der englischen Sprache steht die Abkürzung 'App' für 'Application Software' und beschreibt hier alle Art von Anwendungssoftware."[85] Im deutschen Sprachgebrauch bezieht sich der Ausdruck App jedoch hauptsächlich auf Anwendungen für mobile Endgeräte. Seinen Ursprung findet die 'App' im

---

[83] Vgl. http://www.lernwelt.at/downloads/classroom-management-christoph-eichhorn.pdf (Stand: 04.12.2015, 17.10 Uhr)
[84] Ebd.
[85] http://www.gruenderszene.de/lexikon/begriffe/app (Stand: 29.11.2015, 17.41 Uhr)

sogenannten App-Store der Firma Apple. Hier sind verschiedene Anwendungen zu finden, die man sich, teilweise auch gratis, herunterladen kann. So hat jedes Betriebssystem seinen eigenen App-Fundus. Für das Betriebssystem Android z.b. gibt es den Google Playstore.[86]

Mittlerweile finden sich für jeden Bereich unseres Lebens passende Anwendungen, somit auch für den Schulalltag. Hierbei gibt es einige Kategorien wie Vokabel/Sprach-Trainer, Stundenplan-Generatoren, Mathe-Übungen oder auch Wörterbücher.

Beim Testvorgang hat man beispielsweise die Möglichkeit, sich an dem bekannten Magazin der 'Stiftung Warentest', welche 1964 vom Deutschen Bundestag ins Leben gerufen wurde[87], zu orientieren. Für die Unterrichtseinheit 'Wir testen Apps' wurde diese Option wahrgenommen. Um zu einem abschließenden Qualitätsurteil zu gelangen, wurden die Produkte -in diesem Fall Schul-Apps- nach diversen Kriterien beurteilt. Wichtig sind für das projektorientierte Unterrichtsvorhaben, die von den Lernenden selbst aufgestellten Faktoren: Funktionen, Handhabung, Datensicherheit und Internetverbindung mit diversen Unterpunkten. Beim Erstellen des Kriterienkatalogs konnte sich die Lerngruppe an der, von Stiftung Warentest selbst zur Verfügung gestellten, Ausgabe 8/2015 orientieren. Diese befasst sich passenderweise mit dem Testen von Smartphones sowie Messenger-Apps. Das Testurteil setzt sich aus einer abschließenden Note sowie einem von den Lernenden verfassten Fazit zusammen.

---

[86] Vgl. ebd.
[87] http://www.focus.de/finanzen/stiftung-warentest-so-lesen-sie-die-tests-im-internet_id_5012583.html (Stand: 02.12.2015, 14.22 Uhr)

3. Leitende fachdidaktische Aspekte

3.1 Bezug zum Bildungsplan

Die Informationstechnische Grundbildung leistet einen immensen Beitrag zur Förderung von Medienkompetenz.

"Darunter fällt die Mediennutzung (Medien sachgerecht und bedürfnisbezogen nutzen), das Medienverständnis (Medienbotschaften verstehen), die Medienkritik (Medienbotschaften kritisch hinterfragen und ihre Wirkungen reflektieren; Medien in ihren Produktionsbedingungen und ihrem Bezug zur gesellschaftlichen Wirklichkeit erkennen und verstehen) und die Mediengestaltung (Medien gestalten und zur Kommunikation einsetzen)."[88]

Für die vorliegende Lehr-Lernsequenz, die Teil eines projektorientierten Unterrichtsvorhabens ist, spielt folgende Aussage, die aus den Leitgedanken zur informationstechnischen Grundbildung im Bildungsplan entnommen ist, eine wichtige Rolle: "Durch das Arbeiten und Lernen im Team und den Gebrauch der elektronischen Medien als Informations-, Kommunikations- und Ausdrucksmittel [...] wird in besonderem Maße die Kommunikations-, Gestaltungs- und Lernfähigkeit erweitert".[89]

Aus dem Kompetenzbereich 'Arbeiten und Lernen mit informationstechnischen Werkzeugen' soll bei den Lernenden angebahnt werden, "grundlegende [...] informationstechnische Anwendungen selbstständig und zweckorientiert ein[zu]setzen"[90]. Dem Bereich 'Entwickeln, Zusammenhänge verstehen, Reflektieren' entstammt eine der wichtigsten Kompetenzen, welche die projektorientierte Unterrichtseinheit hauptsächlich ausmacht: Qualitätsmerkmale für [...] Software [in Zusammenhang mit Smartphones (Apps)] aufstellen[91].

Bezüglich der personalen Kompetenzen soll unter anderem angebahnt werden, "selbstständig und zuverlässig [zu] arbeiten"[92] und "bei Widerständen und Schwierigkeiten durch[zu]halten"[93].

---

[88] Ministerium für Kultus, Jugend und Sport: Bildungsplan für die Realschule 2004, S. 192
[89] Ebd.
[90] Ebd., S. 194
[91] Ministerium für Kultus, Jugend und Sport: Bildungsplan für die Realschule 2004, S. 195
[92] Ebd., S. 145
[93] Ebd.

Das projektorientierte Unterrichtsvorhaben erfordert "Eigeninitiative, Verantwortungsbewusstsein, Kommunikations- und Konfliktfähigkeit. Schülerinnen und Schüler praktizieren Formen der Reflexion, der Fremd- und Selbstbewertung"[94]. Wichtig ist zudem, dass die "Schüler von Anfang an in Entscheidungsprozesse ein[gebunden] werden"[95]. Projektorientiertes Arbeiten ist ein bedeutender Bestandteil des Methodencurriculums von Schulen, da "die personalen, sozialen und methodischen Kompetenzen [...] in den jeweiligen Themenorientierten Projekten unterschiedlich gefordert und gefördert [werden]"[96].

3.2 Begründung des Einsatzes der angewandten Verfahren im Unterricht

Die vorliegende Unterrichtsstunde stellt die letzte und somit abschließende Sequenz des projektartigen Unterrichtsvorhabens 'Wir testen Apps - Die Schülerinnen und Schüler einer siebten Klasse erweitern ihre Medienkompetenz durch das kriteriengeleitete Erproben und Bewerten von Apps und ihre personalen Kompetenzen durch selbstständiges Anwenden, Reflektieren und Präsentieren' dar. "Die Projektmethode [nach Frey] ist ein Weg zur Bildung. Sie ist eine Form der lernenden Betätigung, die bildend wirkt."[97] Umschrieben wird die Projektmethode wie folgt: "Eine Gruppe von Lernenden bearbeitet ein Gebiet. Sie plant ihre Arbeiten selbst und führt sie auch aus. Oft steht am Ende ein sichtbares Produkt."[98]
Die Projektinitiative lag in diesem Fall bei der Lernbegleiterin. Zu Beginn wurden erst einmal Grundlagen zur Thematik behandelt, die als Vorarbeit für den "Höhepunkt" des Vorhabens dienen sollten. Um diesen Hauptteil einzuleiten, wurde ein gemeinsames Brainstorming durchgeführt. Hier konnten die Lernenden ihre Vorstellungen zu schulgeeigneten Apps miteinander teilen. Anschließend erhielten sie jeweils eine Ausgabe eines Stiftung Warentest Magazins, um hierin Ideen für das Zusammentragen eines eigenen Kriterienkatalogs zu sammeln. Diese wurden anhand eines Google-Docs-Dokuments festgehalten.
Im Anschluss daran durften die Lernenden selbstständig Gruppen bilden, in und mit denen sie während des weiteren Verlaufs des projektartigen Unterrichtsvorhabens

---

[94] Ministerium für Kultur, Jugend und Sport: Bildungsplan für die Realschule 2004, S. 188
[95] Ebd.
[96] Ebd., S. 174
[97] Frey, K. (2010): Die Projektmethode - "Der Weg zum bildenden Tun". Beltz, S. 14
[98] Ebd., S. 13

5

arbeiten. "In den Phasen der Gruppenarbeit erarbeiten die Schülerinnen und Schüler in Gruppengrößen zwischen drei und [vier] Mitgliedern eine Aufgabenstellung eigenverantwortlich."[99] In diesen Gruppierungen konnte nun gemeinsam nach möglichen Test-Apps recherchiert werden. Die einzelnen Schritte hierbei wurden innerhalb der Gruppe dokumentiert. Nachdem eine Auswahl getroffen war, konnte die Testphase starten. Hatten die Lernenden ein Urteil gefällt und ihre Noten vergeben, verfassten sie ein Protokoll zum Testvorgang sowie ein Fazit zu der getesteten App.

In der vorliegenden Unterrichtsstunde, präsentieren die Kleingruppen ihre selbst gestalteten und erstellten Plakate, die die Tabelle mit den Testkriterien, das Protokoll sowie das Fazit und einige Bilder/Screenshots der jeweiligen Apps enthalten. So wurden "mit Hilfe von gra[f]isch gut überlegten und sorgfältig gestalteten Plakaten [...] die zentralen Ergebnisse visualisiert"[100]. Die "Zuschauer" sollen den vortragenden Gruppen im Anschluss ein Feedback zur Präsentation sowie zur Gestaltung des Plakats geben. "Keine Schülerpräsentation ohne Feedback - [...] Präsentationen, die nicht besprochen werden, können keinen Beitrag zur Kompetenzentwicklung leisten."[101] Wichtig bei einer Rückmeldung ist, sich zunächst auf die positiven Aspekte zu konzentrieren und erst im Anschluss die Entwicklungsaspekte einzubringen. "Lernfortschritte können nicht entstehen, wenn die Defizite unbenannt bleiben."[102] Diese sollten sich in Form von Verbesserungsvorschlägen niederschlagen.[103]

Der Ablauf der Feedbackrunde wird von der Lernbegleiterin durch Leitfragen vorgegeben. Bei diesen Präsentationen soll es jedoch nicht nur um die Art des Präsentierens an sich gehen, auch spielt der Inhalt der Plakate eine große und wichtige Rolle. Im Projektunterricht nach Gudjons "geht es von vornherein darum, Ergebnisse zu produzieren, die über den eigenen Wissenszuwachs hinaus auch Mitteilungswert für andere haben"[104]. Die inhaltlichen Aspekte "sind [...] letztlich der

---

[99] Mattes, W. (2011): Methoden für den Unterricht. Schöningh, S. 64
[100] Gudjons, H. (1997): Handlungsorientiert lehren und lernen - Schüleraktivität, Selbsttätigkeit, Projektarbeit. Klinkhardt, S. 96
[101] Mattes, W. (2011): Methoden für den Unterricht. Schöningh, S. 126
[102] Ebd.
[103] Vgl. ebd.
[104] Gudjons, H. (1997): Handlungsorientiert lehren und lernen - Schüleraktivität, Selbsttätigkeit, Projektarbeit. Klinkhardt, S. 96

eigentliche Grund, warum Präsentationen durchgeführt werden"[105]. Das Präsentieren vor der Teilgruppe soll die Lernenden auf die Ausstellung ihrer Arbeitsergebnisse vor der gesamten Schule vorbereiten.

Gegen Ende der Stunde wird eine Impulsevaluation, auch One-Minute-Paper genannt, durchgeführt. Somit kann die Lernbegleiterin einige Eindrücke in die Sichtweise der Gruppe gewinnen.

Die Kontrolle des Zuwachses des Lernstands wird hierbei außer Acht gelassen, da dieser bereits in einer bzw. zwei Lernstandserhebungen festgestellt wurde.

3.3 Einbettung der Lehr- Lernsequenz in die Unterrichtseinheit

Die gezeigte Sequenz liegt einer Unterrichtseinheit zur Thematik 'Wir testen Apps' zugrunde, die sich auf dem projektorientierten Unterrichtsvorhaben zur Dokumentationsprüfung begründet.

Im Folgenden ein kurzer Überblick über Planung und Verlauf der Unterrichtseinheit:

Datum	Thema der Lehr-Lernsequenz	Ziele
26.10.2015	Lernstandserhebung I / Einführung in die Thematik 'Smartphone und Betriebssysteme'	- Lernende nehmen an einer "Umfrage" zum Thema 'Ich und mein Smartphone' teil. - Lernende aktivieren ihr Vorwissen zum Thema Smartphone und erweitern dieses durch einen Lehrfilm dazu. - Lernende kommen mit diversen Smartphone-Betriebssystemen in Berührung.
09.11.2015	Apps: was sind Apps	- Lernende recherchieren

---

[105] Mattes, W. (2011): Methoden für den Unterricht. Schöningh, S. 126

	genau und wofür können wir sie nutzen?	im Internet nach Informationen. - Lernende stellen in einem gemeinsamen Brainstorming Überlegungen an, welche Arten von Apps für ihren Schulalltag nützlich sein könnten.
16.11.2015	Sammeln und Erstellen von Testkriterien	- Lernende sammeln mithilfe von Stiftung-Warentest-Heften mögliche Testkriterien, um später selbst getestete Apps bewerten zu können.
23.11.2015	Beginn der Testphase	- Lernende finden sich in Gruppen zusammen und entscheiden mithilfe eines Placemats, welche Art von Schul-Apps sie testen möchten. - Lernende recherchieren nach zu testenden Apps und laden diese herunter.
30.11.2015	Testphase + Präsentieren des Zwischenstands	- Lernende bewerten ihre ausgewählten Apps anhand der zuvor erarbeiteten Kriterien. - Lernende berichten über ihre Ergebnisse, geben Feedback, darüber, ob sie mit ihren Apps bzw. den Ergebnissen zufrieden sind.

		- Lernende wählen evtl. eine weitere App zum Testen aus.
07.12.2015	Gestalten der Präsentationen/ Lernstandserhebung II	- Lernende erhalten Zeit und entsprechendes Material, um ihre Testergebnisse anhand von Plakaten darzustellen. - Der Lernstand der Lernenden wird erneut erhoben, um den Lernfortschritt feststellen zu können.
14.12.2015	Präsentationsrunde in der Gruppe	- Lernende erhalten die Gelegenheit, ihre gestalteten Plakate in der Gruppe zu präsentieren und sich ein Feedback einzuholen, bevor die Ausstellung für die gesamte Schule folgt. - Lernende reflektieren gemeinsam mit der Lernbegleiterin über den Verlauf der Unterrichtseinheit bzw. ihren Arbeitsprozess.

4. Kompetenzen und Lernziele

Gemäß des Bildungsplans[106] für Realschulen 2004 liegt der Schwerpunkt auf der Anbahnung folgender Kompetenzen:

Kompetenzen..	Kriterien	Kompetenzorientierte Lernziele	Indikatoren
Die Lernenden können...		Die Lernenden ...	
TOP WVR			
Leitgedanken			
"Schülerinnen und Schüler praktizieren Formen der Reflexion, der Fremd- und Selbstbewertung."	Lernende geben einander Feedback.	erweitern ihre personale Kompetenz, indem sie einander angemessenes Feedback zu den Präsentationen geben .	Lernende beziehen die Leitfragen zum Feedback bei ihrer Rückmeldung ein.
1. Methodischer Bereich: Lernen und Arbeiten in den verschiedenen Phasen eines Projekts			
Lernende dokumentieren und präsentieren ihr Projekt			
" [...] Präsentationsformen einsetzen, bei denen die individuellen Leistungen zum Tragen kommen."[107]	Lernende präsentieren Plakate mit ihren Arbeitsergebnissen.	erweitern ihre personale und methodische Kompetenz, indem sie ihre Arbeitsergebnisse in ihrer Gruppe präsentieren.	Lernende präsentieren ihre Arbeitsergebnisse und persönliche Meinung zum getesteten Produkt unter Einbeziehung ihrer selbst erstellten Plakate.

5. Methodische Analyse

5.1. Einstieg

Die Lernbegleitern begrüßt die Lernenden und zeigt ihnen zunächst einen selbst zusammengeschnittenen Kurzfilm, der die vorhergehende Unterrichtseinheit anhand von diversen Fotos noch einmal Revue passieren lässt. Anschließend wird der

---

[106] Vgl. Ministerium für Kultus, Jugend und Sport: Bildungsplan für die Realschule 2004
[107] Ebd.

10

Gruppe mitgeteilt, welche Inhalte die vorliegende Stunde mit sich bringt. Es wird Bezug auf die, in der vorherigen Stunde erstellten, Plakate sowie auf die kommende Ausstellung derer genommen.

5.2 Hinführung zur Arbeitsphase

Die Lernenden bekommen etwa fünf Minuten Zeit, um sich in ihren Kleingruppen nochmals zu besprechen oder zu üben, bevor sie ihre Ergebnisse präsentieren.

5.3 Arbeitsphase

Nach Abschluss der kurzen Übungs- oder Vorbereitungszeit präsentieren die drei Kleingruppen nacheinander ihre Plakate, die ihre Gruppenarbeit darstellt. Nach jeder einzelnen Präsentation folgt eine Feedbackrunde. Diejenigen, die zuschauen/zuhören erhalten drei Leitfragen dazu, die auf Wortkarten visualisiert und ausgelegt werden:

1. Was war gut an dieser Präsentation?
2. Kann jemand, der die App nicht kennt, sich nun etwas darunter vorstellen?
3. Was hätte man anders machen können?

Diese Leitfragen werden währende des Feedbacks Schritt für Schritt durchgegangen.

5.4 Plenum / Abschluss

Um die Inhalte und Vorkommnisse der letzten Wochen während des projektartigen Unterrichts zu reflektieren, wird ein One-Minute-Paper eingesetzt. Bei dieser Art der Reflexion erhält jede/r Lernende ein weißes Blatt, auf dem vorne die positiven Aspekte und hinten die verbesserungswürdigen Aspekte der vorhergehenden Unterrichtseinheiten und des darin eingeschlossenen Arbeitens in der Gruppe festgehalten werden sollen. Zur Unterstützung gibt die Lernbegleiterin einzelne Impulswörter, die Aspekte des projektorientierten Unterrichtsvorhabens aufgreifen, auf Wortkärtchen vor. Einige Lernende sollen im Anschluss ihre Gedanken mit der Gruppe teilen.

Die Lernbegleiterin wird ebenso ihre Eindrücke und Erkenntnisse bezüglich des projektartigen Unterrichtsvorhabens der Teilgruppe schildern und somit zum Abschluss für die Unterrichtseinheit und die vorliegende Stunde kommen. Anschließend werden die Lernenden verabschiedet.

6. Anhang

6.1 Unterrichtsverlaufsskizze

Lerngruppe:	7b (Teilgruppe)	**Fach:** ITG
Lernbegleiterin:	Luisa Prawirakoesoemah	
Mentorin:	Frau Stogiannidou	
Ausbilder:	Herr Gerhauser	
Datum:	14.12.2015	**Uhrzeit:** 10.15 – 11.00 Uhr

Thema: Abschluss der Unterrichtseinheit

Ziel: Die Lernenden erweitern ihre personalen Kompetenzen durch das abschließende Präsentieren ihrer getesteten Apps anhand selbst erstellter Plakate. Sie geben einander Feedback und reflektieren ihren Arbeitsprozess.

Unterrichtseinheit: Wir testen Apps

Phase/ Zeit in Min.	Lehrer- /Schülerinteraktion	Sozialformen/ Handlungs- muster	Medien	Bemerkungen
Einstieg/ Hinführung				
	Die Lernbegleiterin begrüßt die Lernenden.	Plenum		
10.16 Uhr	Die Lernbegleiterin zeigt einen kurzen Film, der den Verlauf der projektorientierten Unterrichtseinheit wiedergibt.	Plenum	Beamer Computer Film	*Dieser Impuls dient dazu, die vorhergegangenen Unterrichtsstunden Revue passieren zu lassen und zu*
10.20 Uhr	Die Lernenden dürfen sich je nach Bedarf, dazu äußern.			*verdeutlichen, dass die*

12

Zeit / Phase	Beschreibung	Sozialform	Medien	Kommentar
10.22 Uhr	Die Lernbegleiterin eröffnet der Gruppe, wie der Ablauf der Stunde sein wird. Ein Lernender wiederholt dies zur Kontrolle nochmals in eigenen Worten für die Gruppe.	Plenum		*Lerngruppe nun am Ende der Unterrichtseinheit angelangt ist.*
10.27 Uhr	Die Lernbegleiterin gibt den Kleingruppen 5 Minuten Zeit, sich auf das Präsentieren vorzubereiten. Nach Bedarf, darf eine der Gruppen dies auch draußen vor der Tür tun.	Gruppenarbeit	Plakate Präsentationen	
Erarbeitung/ Arbeits- phase	Die erste Gruppe beginnt mit ihrer Präsentation. Die übrigen Lernenden erhalten 3 Leitfragen, an denen sie sich für das spätere Feedback orientieren sollen. Im Anschluss an die Präsentation folgt ein Gruppenfeedback, bei dem sich nach Möglichkeit jeder in der Lerngruppe beteiligen soll.	Plenum / Gruppenarbeit	Plakate Präsentationen Leitfragen	*Jede Gruppe präsentiert ihre Testergebnisse, ein Feedback wird gegeben, um nachzuvollziehen, wie informativ die Plakate und die Präsentationen sind.*
10.52 Uhr	Dieser Vorgang wird für die übrigen Gruppen wiederholt.			
Ergebnis- sicherung/ Abschluss	Die Lernbegleiterin erklärt der Gruppe nun den Vorgang des One-Minute-Papers. Sie selbst füllt auch eines aus.	Plenum/ Einzelarbeit	Papier	*Die Lernenden sollen anhand dieser Impulsreflexion über die*
10.55				

13

10.59 Uhr	Gemeinsam kann dann über die letzten Wochen und die Arbeit reflektiert werden.	Plenum	*vorausgegangene projektartige Unterrichtseinheit reflektieren. So können sie ihre Gefühle und Eindrücke mitteilen. Die Lernbegleiterin bringt sich hier auch ein.*
11.00 Uhr	Die Lernbegleiterin verabschiedet sich von der Klasse.	Plenum	

6.2 Material

6.2.1 Kurz-Film [nicht enthalten]

1. Was war gut an dieser Präsentation?

2. Kann jemand, der die App nicht kennt, sich nun etwas darunter vorstellen?

3. Was hätte man anders machen können?

Thema unseres Projekts

Smartphones/Tablets

Gruppenarbeit

Präsentationen

7. Literatur

- http://www.focus.de/finanzen/stiftung-warentest-so-lesen-sie-die-tests-im-internet_id_5012583.html (Stand: 02.12.2015, 14.22 Uhr)
- http://www.gruenderszene.de/lexikon/begriffe/app (Stand: 29.11.2015, 17.41 Uhr)
- http://www.lernwelt.at/downloads/classroom-management-christoph-eichhorn.pdf (Stand: 04.12.2015, 17.10 Uhr)
- Frey, K. (2010): Die Projektmethode - "Der Weg zum bildenden Tun". Beltz
- Gudjons, H. (1997): Handlungsorientiert lehren und lernen - Schüleraktivität, Selbsttätigkeit, Projektarbeit. Klinkhardt
- Mattes, W. (2011): Methoden für den Unterricht. Schöningh
- Ministerium für Kultus, Jugend und Sport: Bildungsplan für die Realschule 2004
- Ministerium für Kultus, Jugend und Sport: Die Gemeinschaftsschule in Baden-Württemberg

Bildquellen und Videoquellen

- http://savvycomsoftware.com/wp-content/uploads/2013/10/11768202-mobile-apps-testing.jpg (Stand: 28.11.2015, 22.25 Uhr)